Marketing de Guerrilha

As armas secretas para quem quer gastar pouco
e ter muito resultado

Copyright

"Seja um peixe fora d'água no oceano do Marketing convencional."

"A ousadia é a munição secreta do Marketing de Guerrilha."

"Não espere pelas oportunidades, crie-as com suas próprias mãos."

"Criatividade é a alma do Marketing de Guerrilha, e coragem é a sua força motriz."

"Pense além dos limites, pois é lá que a inovação floresce."

"Marketing de Guerrilha é a arte de surpreender e encantar."

"Seja memorável ou seja esquecido. A escolha é sua."

Uma breve introdução

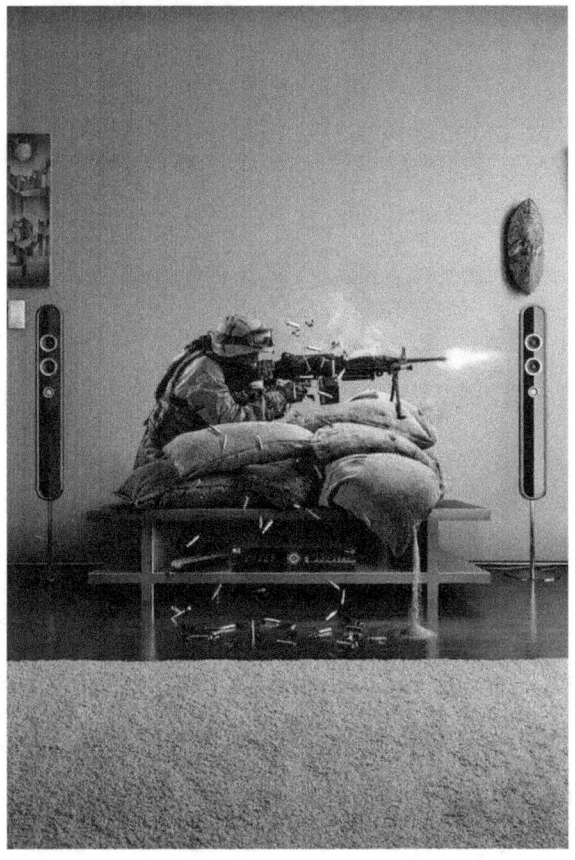

Mas afinal, o que é Marketing de Guerrilha?

Imagine um exército de pequenas empresas, empreendedores e profissionais de marketing, todos unidos em uma missão: conquistar a atenção e o coração do público-alvo, mesmo sem os recursos gigantescos das grandes corporações. Essa é a essência do Marketing de Guerrilha.

Ao contrário do marketing tradicional, que muitas vezes depende de orçamentos enormes e anúncios massivos, o Marketing de Guerrilha aposta na criatividade, inovação e no uso inteligente dos recursos disponíveis. É uma abordagem que desafia as convenções, busca romper barreiras e cria conexões emocionais com o público.

No cenário atual de negócios, onde a concorrência é acirrada e a atenção do público é disputada em diversas frentes, o

Marketing de Guerrilha se tornou uma arma poderosa. Ele permite que até mesmo as empresas menores, com orçamentos limitados, possam competir de forma eficaz, conquistando visibilidade e engajamento.

O que torna o Marketing de Guerrilha tão especial é sua capacidade de ir além dos meios tradicionais de divulgação. Ele aproveita espaços públicos, eventos, redes sociais e outras plataformas para criar experiências únicas e memoráveis. Essas ações inesperadas e surpreendentes são capazes de gerar um impacto duradouro, fazendo com que as marcas se destaquem em meio ao ruído do mercado.

Além disso, o Marketing de Guerrilha está profundamente enraizado na compreensão e no respeito ao público-alvo. Ao conhecer seus desejos, necessidades e comportamentos, é possível criar campanhas altamente segmentadas e personalizadas, aumentando a relevância e o envolvimento do público.

O termo "marketing de guerrilha" foi popularizado por Jay Conrad Levinson em seu livro "Guerrilla Marketing", publicado em 1984.

Embora Levinson não tenha inventado completamente a estratégia, ele ajudou a popularizá-la e a transformá-la em uma das táticas de marketing mais utilizadas atualmente.

A ideia de utilizar estratégias criativas e não convencionais para obter resultados de marketing já existia anteriormente, mas Levinson foi o responsável por definir os princípios e as técnicas que compõem o marketing de guerrilha.

Jay Conrad Levinson teve a ideia do marketing de guerrilha ao observar as estratégias usadas pelos vietnamitas durante a guerra do Vietnã.

Ele percebeu que, mesmo com poucos recursos, os vietnamitas conseguiam vencer batalhas contra um exército mais forte e bem equipado. Levinson aplicou essa mesma ideia no marketing, criando uma abordagem que buscava alcançar objetivos de marketing com recursos mínimos e criatividade máxima.

Ele acreditava que o marketing de guerrilha era a resposta para pequenas empresas que não tinham orçamentos milionários para publicidade e propaganda, mas ainda assim precisavam encontrar maneiras de se destacar no mercado e alcançar seus objetivos.

A partir daí, o conceito de marketing de guerrilha se popularizou e se tornou uma das principais estratégias utilizadas por empresas de diferentes tamanhos e segmentos.

Em quem vamos mirar?

Compreender o público-alvo é essencial para o sucesso de qualquer campanha de marketing. É como olhar através de uma lente clara e nítida que nos permite enxergar quem são as pessoas que realmente importam para o nosso negócio. Neste capítulo, vamos explorar a importância de identificar e entender o público-alvo, fornecendo as ferramentas necessárias para criar campanhas eficazes.

A primeira pergunta que devemos fazer é: quem são as pessoas que estamos tentando alcançar? O público-alvo é o grupo específico de indivíduos que têm interesse no que nossa marca ou produto tem a oferecer. Para identificá-lo, precisamos ir além de dados demográficos superficiais e mergulhar nas motivações, necessidades e desejos que impulsionam essas pessoas.

Uma maneira eficaz de compreender o público-alvo é realizar pesquisas e coletar dados relevantes. Podemos usar questionários, entrevistas e análises de mercado para obter informações valiosas. Precisamos descobrir o que eles buscam, quais são seus desafios, como eles se comportam e quais são suas preferências. Ao conhecer seus valores, interesses e estilo de vida, podemos criar uma conexão genuína e relevante.

Preste atenção às tendências e mudanças no comportamento do consumidor. O mundo evolui, e à medida que ele evolui, devemos acompanhar essas transformações para ajustar nossas estratégias de marketing de acordo.

As mídias sociais, por exemplo, são uma fonte valiosa de informações sobre o público-alvo. Elas nos permitem observar como as pessoas se comunicam, o que compartilham e o que esperam das marcas.

Outro aspecto é a segmentação. Ao dividir o público-alvo em segmentos menores e mais específicos, podemos criar mensagens personalizadas que ressoam de forma mais poderosa. Podemos agrupar as pessoas com base em características como idade, gênero, interesses, comportamento de compra e localização geográfica. Isso nos permite adaptar nossas campanhas de acordo com as necessidades de cada segmento.

No entanto, compreender o público-alvo vai além de dados e estatísticas. É sobre desenvolver empatia e compreensão genuína. Precisamos nos colocar no lugar dos nossos clientes, entender suas preocupações e desejos.

Como pensar de forma não convencional

O Marketing de Guerrilha oferece uma plataforma perfeita para quebrar barreiras e desafiar as convenções, permitindo que você crie campanhas verdadeiramente memoráveis.

Pensar de forma não convencional é como abrir uma porta para um novo universo. É sobre romper com as ideias preestabelecidas e explorar novos caminhos para comunicar sua mensagem. Seu objetivo é se destacar em meio ao ruído do mercado, capturando a imaginação do seu público e deixando uma marca duradoura.

A criatividade é a faísca que acende o fogo da inovação. Ela é a habilidade de encontrar soluções únicas e fora da caixa para os desafios que você enfrenta. No Marketing de Guerrilha, é a chave para criar ações impactantes e surpreendentes que geram engajamento e despertam curiosidade.

Mas como desenvolver ideias criativas que realmente funcionem? Primeiro, você precisa deixar sua mente livre de limitações. Abra-se para novas perspectivas, faça perguntas desafiadoras e explore diferentes ângulos. Libere sua imaginação e permita-se sonhar grande. Pense no que é impossível e depois encontre uma maneira de torná-lo possível.

Conecte ideias aparentemente desconectadas. Mergulhe em diferentes áreas de conhecimento, inspire-se em diferentes indústrias e culturas. Busque insights em lugares inesperados e encontre maneiras de aplicá-los ao seu contexto de Marketing de Guerrilha. Essas conexões surpreendentes podem gerar ideias verdadeiramente inovadoras.

Lembre-se de envolver sua equipe em sessões de brainstorming. A colaboração e a diversidade de pensamento são poderosas fontes de inspiração. Ao reunir mentes brilhantes e diferentes perspectivas, você pode estimular um ambiente de criatividade coletiva, onde as ideias fluem livremente e se transformam em conceitos incríveis.

Não tenha medo de correr riscos e experimentar. No Marketing de Guerrilha, é necessário sair da zona de conforto e abraçar a incerteza. Teste novas abordagens, aventure-se em territórios desconhecidos e aprenda com os resultados. Às vezes, as melhores ideias nascem de experimentos corajosos e ousados.

A criatividade deve ser aprimorada com a prática. Mantenha-se atualizado com as tendências e as últimas novidades do mercado. Busque inspiração em casos de sucesso de Marketing de Guerrilha e encontre seu próprio estilo único.

Surpreender e chocar

Surpreender e chocar são voltadas para chamar a atenção do público e criar impacto imediato. Aqui estão algumas maneiras de utilizar elementos inesperados e provocativos:

Choque visual: Crie anúncios ou peças gráficas com imagens surpreendentes e impactantes. Use cores vibrantes, contrastes fortes e elementos visuais fora do comum para atrair o olhar do público.

Mensagens provocativas: Utilize mensagens diretas, ousadas e que instiguem o público a refletir. Quebre tabus, desafie crenças estabelecidas e crie polêmica para gerar impacto e despertar a curiosidade.

Estampas ousadas: Desenvolva camisetas, adesivos ou outros produtos com estampas provocativas e inesperadas. Seja criativo e faça uso de frases impactantes, símbolos marcantes ou designs intrigantes.

Guerrilha digital: Utilize estratégias online para surpreender o público. Crie conteúdo viral, faça ações nas redes sociais que desafiem as expectativas e promova interações inusitadas que gerem buzz.

Eventos surpresa: Realize intervenções ou eventos não anunciados em locais públicos. Apareça de forma repentina, com performances, flash mobs ou demonstrações criativas para surpreender e chocar as pessoas ao redor.

Propaganda não convencional: Utilize meios alternativos para veicular sua mensagem, como projeções em prédios, outdoors interativos ou até mesmo grafites em espaços estratégicos. Despertar a curiosidade do público é essencial.

Quebrando expectativas: Surpreenda o público ao desafiar as convenções do seu setor. Faça algo inesperado, inovador e que fuja do padrão, mostrando um novo lado da sua marca.

O objetivo é gerar um impacto duradouro e fazer com que as pessoas se lembrem da sua marca. Entretanto, é importante encontrar um equilíbrio entre o choque e a mensagem que você deseja transmitir, para garantir que a abordagem seja eficaz e esteja alinhada com os valores da sua marca.

Orçamento reduzido, máximo impacto

Ter um orçamento reduzido não significa estar em desvantagem.

Na verdade, é uma oportunidade para ser ainda mais criativo e inovador. A chave está em encontrar maneiras inteligentes de utilizar seus recursos de forma estratégica, visando obter o máximo impacto possível.

Uma das estratégias mais eficazes é aproveitar as plataformas digitais e online. Com um investimento menor em comparação aos canais tradicionais, você pode alcançar uma audiência ampla e altamente segmentada. Utilize as redes sociais, blogs, e-mail marketing e outras ferramentas online para criar um relacionamento direto com seu público-alvo, divulgando sua mensagem de forma econômica e direcionada.

Outra abordagem é o marketing de conteúdo. Ao criar conteúdo relevante, informativo e de qualidade, você pode posicionar sua marca como uma autoridade no seu segmento. Isso não requer um grande investimento financeiro, mas sim um investimento de tempo e dedicação para pesquisar, escrever e promover seu conteúdo.

Com uma estratégia bem planejada, seu conteúdo pode alcançar um público vasto e engajado, gerando visibilidade e interesse pela sua marca.

Não esqueça das parcerias estratégicas. Busque alianças com outras marcas, influenciadores ou comunidades online que tenham valores e público-alvo semelhantes aos seus. Juntos, vocês podem desenvolver campanhas conjuntas, compartilhar recursos e alcançar um público maior. Essas parcerias podem resultar em maior exposição para sua marca, sem a necessidade de grandes investimentos financeiros.

Aproveite locais de alta circulação, como parques, praças e eventos, para criar experiências únicas e memoráveis. Use sua criatividade para chamar a atenção das pessoas e gerar buzz em torno da sua marca. Essas ações inesperadas podem ter um impacto significativo, despertando curiosidade e gerando interesse em relação ao seu produto ou serviço.

E não subestime o poder do boca a boca. Ofereça um excelente atendimento ao cliente, crie experiências positivas e faça com que seus clientes se tornem defensores da sua marca. O poder das recomendações pessoais é imenso e pode impulsionar seu crescimento, mesmo com recursos financeiros limitados.

Não se esqueça de medir e analisar os resultados das suas estratégias. Utilize ferramentas de análise de dados para acompanhar o desempenho das suas campanhas e ajustar sua abordagem conforme necessário. Isso permitirá que você direcione seus recursos de forma mais eficiente, focando nas estratégias que trazem os melhores resultados.

Um exemplo inspirador é o caso da empresa de calçados TOMS. Em vez de gastar uma grande quantia em publicidade tradicional, a TOMS optou por uma estratégia de marketing de causas. Eles criaram um modelo inovador de negócios em que, a cada par de sapatos vendido, um par era doado para uma criança carente. Essa abordagem diferenciada gerou uma conexão emocional com os consumidores, que se sentiam parte de uma causa maior ao adquirir um produto da marca. O resultado? A TOMS alcançou sucesso global e se tornou uma referência no mercado de calçados, com uma base de clientes leais e engajados.

Outro case notável é o da campanha "Dumb Ways to Die" (Formas Estúpidas de Morrer) do metrô de Melbourne, na Austrália. Com um orçamento limitado, eles criaram um vídeo animado divertido e cativante que alertava para os riscos de comportamentos perigosos nas estações de metrô. O vídeo viralizou nas redes sociais e conquistou o público, tornando-se um sucesso global.

Além disso, a campanha se expandiu para outros formatos, como jogos para dispositivos móveis e produtos licenciados.

O resultado foi uma conscientização massiva sobre segurança no metrô e um aumento significativo na adoção de comportamentos seguros pelos usuários.

Outro exemplo impressionante é a campanha da marca de roupas esportivas Under Armour, intitulada "I Will What I Want" (Eu Serei o Que Eu Quiser).

Com um orçamento modesto, eles desenvolveram uma campanha poderosa que destacava histórias de mulheres inspiradoras que desafiavam as convenções e alcançavam seus objetivos no esporte. Utilizando mídias sociais e conteúdo digital, a campanha se tornou um sucesso viral, gerando

engajamento e criando uma conexão emocional com o público.

A estratégia inteligente da Under Armour deu visibilidade à

marca e fortaleceu sua imagem como apoiadora do

empoderamento feminino.

Esses cases de sucesso demonstram que é possível alcançar

resultados significativos mesmo com recursos limitados.

A criatividade, a inovação e uma abordagem estratégica são

fundamentais para maximizar o impacto do seu marketing. Ao

contar histórias envolventes, conectar-se com as emoções do

público-alvo e aproveitar as plataformas digitais, você pode

conquistar uma audiência ampla e engajada, mesmo sem

grandes investimentos financeiros.

Lembre-se de que o Marketing de Guerrilha não se trata apenas de dinheiro, mas de criatividade, ousadia e compreensão do seu público-alvo.

Ao buscar inspiração em cases de sucesso e adaptar as estratégias às necessidades da sua marca, você estará no caminho certo para alcançar resultados surpreendentes, independentemente do tamanho do seu orçamento.

Campanhas virais: Estratégias para criar conteúdo compartilhável e alcançar grande visibilidade

Uma das técnicas mais poderosas para criar campanhas virais é o storytelling. Contar histórias envolventes é uma forma comprovada de capturar a atenção do público e estimular o compartilhamento.

Ao criar conteúdo que desperte emoções, conexões e identificação com o público, você estará criando uma base sólida para o compartilhamento e a propagação da sua mensagem.

Falando em Storytelling, não poderia esquecer da criação de conteúdo surpreendente e impactante. Ao oferecer algo fora do comum, que surpreenda e encante o público, você aumenta as chances de que as pessoas queiram compartilhar essa experiência com seus amigos, familiares e seguidores. Pode ser um vídeo inspirador, uma imagem impressionante ou uma ideia inovadora que cause impacto imediato.

Ao criar conteúdo relacionado a assuntos em alta, você aumenta a probabilidade de que as pessoas queiram compartilhar e participar da conversa.

Fique atento às tendências nas redes sociais, notícias relevantes e eventos populares, e encontre maneiras criativas de incorporar esses elementos ao seu conteúdo.

A emoção é um dos principais gatilhos para o compartilhamento de conteúdo. Ao despertar emoções positivas, como alegria, surpresa, inspiração ou humor, você aumenta as chances de que as pessoas queiram compartilhar sua mensagem com os outros. Desenvolva conteúdo que toque o coração do público, seja através de histórias emocionantes, vídeos engraçados ou mensagens inspiradoras.

Além disso, invista na qualidade visual do seu conteúdo. Imagens e vídeos atraentes têm maior potencial de compartilhamento nas redes sociais. Utilize elementos visuais impactantes, gráficos bem projetados e um design atrativo para tornar seu conteúdo mais atraente e compartilhável.

Uma técnica avançada para aumentar o alcance é o uso estratégico de influenciadores.

Parcerias com pessoas influentes em seu nicho de mercado podem impulsionar a visibilidade da sua campanha. Ao envolver influenciadores relevantes, você alcança um público maior e aumenta as chances de que seu conteúdo seja compartilhado por um número significativo de pessoas.

Facilite o compartilhamento do seu conteúdo. Certifique-se de que sua campanha tenha botões de compartilhamento visíveis e funcionais em várias plataformas de redes sociais. Incentive seu público a compartilhar, oferecendo incentivos, como brindes, descontos ou a chance de participar de concursos exclusivos.

"Quando se trata de criar campanhas virais, uma coisa é certa: não existe uma fórmula mágica. As campanhas virais não são uma ciência exata, mas sim uma combinação de estratégia, criatividade e um toque de sorte. Elas são como borboletas coloridas que voam livremente, desafiando as previsões e surpreendendo a todos.

É preciso entender que o sucesso de uma campanha viral não pode ser completamente controlado. Mesmo com uma estratégia bem planejada e uma execução impecável, não há garantia de que ela se tornará um fenômeno viral. Mas isso não significa que devemos desistir ou nos limitar.

As campanhas virais são como um convite ao desconhecido, uma jornada cheia de incertezas e possibilidades infinitas. Elas nos lembram que, às vezes, é necessário arriscar, experimentar e desafiar as convenções para alcançar o extraordinário.

Não existem regras rígidas quando se trata de criar uma campanha viral. O que funciona para uma marca pode não funcionar para outra. É preciso estar disposto a pensar fora da caixa, a abraçar o inesperado e a se adaptar às mudanças constantes do mundo digital.

Mas, mesmo diante dessa imprevisibilidade, há alguns princípios que podem aumentar nossas chances de sucesso. A autenticidade é um deles. As pessoas estão cada vez mais em busca de conexões genuínas e histórias reais. Ao criar conteúdo autêntico e relevante, você estará construindo uma base sólida para o compartilhamento.

Outro princípio importante é entender o seu público-alvo. Conhecer seus desejos, necessidades e valores é essencial para criar conteúdo que ressoe com eles. Afinal, são as pessoas que compartilham, comentam e impulsionam o alcance da sua campanha.

A criatividade é a mola propulsora de uma campanha viral. É preciso ousar, surpreender e inovar. Pense além dos limites, experimente diferentes formatos, conte histórias envolventes e use elementos visuais cativantes. A originalidade e a criatividade são o combustível para que sua mensagem se propague rapidamente.

Técnica CCO

Vamos explorar a técnica CCO (Criatividade, Contexto e Ousadia) para campanhas de marketing de guerrilha. Essa abordagem estratégica combina elementos essenciais para criar campanhas impactantes e memoráveis que se destacam no cenário competitivo. Prepare-se para mergulhar nessa técnica e descobrir como aplicá-la com sucesso.

Criatividade: A criatividade é o coração da técnica CCO. Nessa etapa, é essencial pensar fora da caixa e explorar ideias inovadoras. Busque soluções originais e diferentes para se destacar da concorrência. Pergunte-se: Como posso surpreender meu público-alvo? Como posso transmitir minha mensagem de maneira única e memorável? Utilize recursos criativos, como conceitos visuais impactantes, jogos de palavras inteligentes ou abordagens não convencionais para chamar a atenção.

Contexto: O contexto é fundamental para o sucesso de uma campanha de marketing de guerrilha. É importante compreender o ambiente em que sua campanha será veiculada e adaptar sua mensagem para se conectar com o público-alvo de forma relevante. Considere o local, o momento e as características do público em que sua campanha será lançada. Como sua mensagem se encaixa no contexto? Como você pode se relacionar com as experiências e interesses do seu público? Ao criar uma campanha contextualizada, você aumenta suas chances de capturar a atenção e gerar engajamento.

Ousadia: A ousadia é o elemento que diferencia uma campanha de guerrilha das estratégias convencionais de marketing.

Não tenha medo de arriscar, de desafiar as convenções e de ser irreverente. Seja ousado em suas ideias e na forma como você as executa.

Crie momentos impactantes que gerem curiosidade, surpresa ou até mesmo choque. A ousadia é o que permite que sua campanha se destaque e crie um impacto duradouro na mente do público.

A técnica CCO para campanhas de marketing de guerrilha é uma abordagem estratégica que combina criatividade, contexto e ousadia.

Ao aplicar essa técnica, você estará criando campanhas diferenciadas, que se destacam da concorrência e geram um impacto significativo no seu público-alvo.

Lembre-se de adaptar a técnica às características da sua marca, ao seu público-alvo e aos objetivos da campanha.

Com essa abordagem, você estará pronto para surpreender, engajar e conquistar a atenção do seu público de maneira memorável.

Riscos e precauções: Considerações importantes ao executar campanhas de guerrilha para evitar possíveis problemas.

Embora o marketing de guerrilha possa ser uma estratégia empolgante, use-o com cautela e considere cuidadosamente os possíveis problemas que podem surgir ao longo do caminho.

Vou explorar algumas considerações importantes para ajudá-lo a evitar problemas e garantir uma execução bem-sucedida da sua campanha de guerrilha.

Conheça as leis e regulamentações: Antes de iniciar uma campanha de guerrilha, é essencial conhecer as leis e regulamentações relacionadas ao marketing e publicidade.

Certifique-se de estar em conformidade com as normas locais, evitando ações que possam resultar em problemas legais ou danos à reputação da sua marca.

Esteja ciente das restrições em relação a propriedade intelectual, uso indevido de marcas registradas e invasão de propriedade privada.

Considere o público-alvo: Ao planejar sua campanha, leve em conta a sensibilidade e as preferências do seu público-alvo. O que pode parecer criativo e impactante para alguns, pode ser considerado ofensivo ou inadequado para outros.

Tenha em mente os valores, a cultura e as características demográficas do seu público ao criar seu conteúdo. Faça uma análise cuidadosa para evitar qualquer tipo de alienação ou reação negativa.

Avalie os possíveis impactos negativos: Enquanto campanhas de guerrilha bem-executadas podem gerar resultados positivos, é importante considerar os possíveis impactos negativos.

Pergunte-se: minha campanha poderia gerar danos à imagem da minha marca?

Poderia causar desconforto ou perturbação excessiva?

Avalie cuidadosamente os riscos envolvidos e esteja preparado para lidar com quaisquer consequências inesperadas.

Mantenha a segurança em mente: Se sua campanha envolver atividades no mundo físico, como instalações ou intervenções públicas, leve em consideração a segurança de todos os envolvidos. Certifique-se de obter as permissões necessárias, tomar precauções adequadas e garantir que todas as medidas de segurança sejam seguidas. A segurança é fundamental para evitar acidentes e garantir que sua campanha seja bem recebida pelo público.

Esteja preparado para o feedback: As campanhas de guerrilha muitas vezes geram engajamento e reações intensas. Esteja preparado para o feedback, seja ele positivo ou negativo.

Monitore as redes sociais, responda aos comentários e esteja

pronto para lidar com possíveis críticas.

Esteja aberto ao diálogo e use o feedback como uma

oportunidade para aprender e melhorar suas estratégias

futuras.

Timing e oportunidades sazonais

Em um mundo em constante movimento, é fundamental saber aproveitar o timing e as oportunidades sazonais ao planejar suas campanhas de marketing de guerrilha.

A capacidade de identificar e capitalizar eventos, datas comemorativas e momentos oportunos pode impulsionar significativamente o sucesso da sua campanha.

Um dos segredos para uma campanha de guerrilha eficaz é estar sintonizado com o ambiente ao seu redor.

Eventos sazonais, como feriados, festivais, grandes premiações ou datas comemorativas, oferecem uma excelente oportunidade para criar campanhas relevantes e impactantes. Esses momentos capturam a atenção do público e geram um forte engajamento.

Ao aproveitar eventos sazonais, é essencial compreender o contexto e as expectativas do seu público-alvo. Analise cuidadosamente como esses eventos são celebrados, quais são as tendências e como sua marca pode se conectar a eles de forma autêntica e criativa.

Pense em maneiras inovadoras de integrar a temática sazonal à sua mensagem e tornar sua campanha verdadeiramente memorável.

Além dos eventos sazonais, momentos oportunos podem surgir em meio a situações inesperadas ou tendências emergentes.

Esteja atento às mudanças sociais, culturais e tecnológicas que estão ocorrendo ao seu redor. Oportunidades podem surgir de repente, e estar preparado para agir rapidamente pode fazer toda a diferença.

No entanto, ressalto que o timing adequado requer sensibilidade e bom senso. Certifique-se de que sua campanha seja relevante para o momento e não seja percebida como oportunista ou insensível. Leve em consideração os sentimentos e emoções das pessoas envolvidas no evento ou situação.

Para aproveitar plenamente as oportunidades sazonais, esteja preparado e planeje com antecedência.

Faça pesquisas, crie um calendário de eventos e desenvolva estratégias criativas que estejam alinhadas com a personalidade da sua marca.

Mantenha-se flexível e aberto a ajustes, caso surjam mudanças de última hora.

Lembre-se de que o timing perfeito é uma combinação de preparação, perspicácia e execução eficiente. Seja proativo, esteja atento aos eventos e momentos oportunos e seja ágil

em sua resposta.

Cases de sucesso

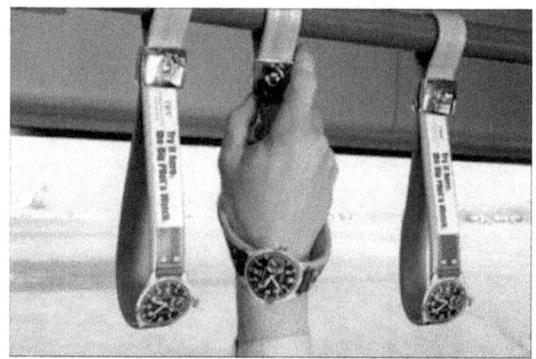

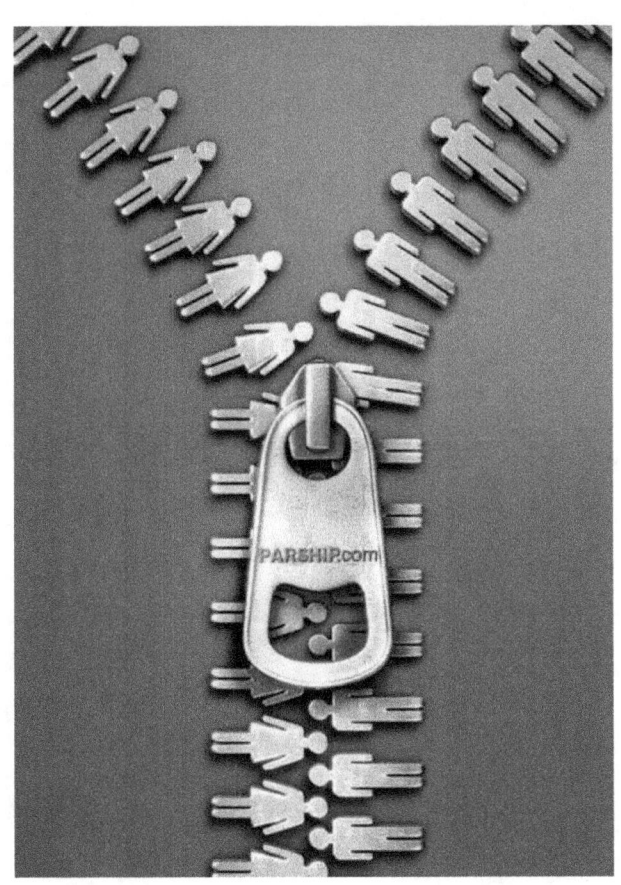

"자연을 쓰고 계십니다."

GREENPEACE

당신의 연필 끝에서 숲이 살아납니다.

kobaco
한국방송광고공사

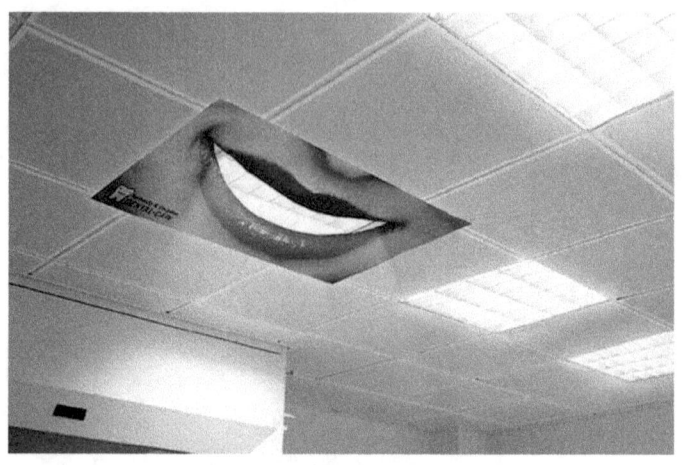

FOI ASSIM QUE A NIVEA ANUNCIOU SEU CREME CONTRA CELULITE.

I'm your father.

**Dad, tell me about
the ´60s again!**

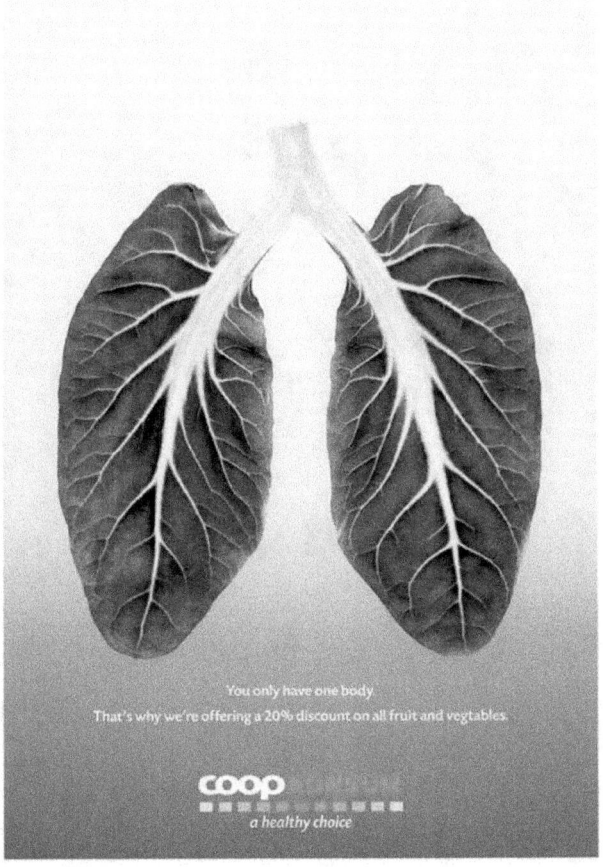

You only have one body.
That's why we're offering a 20% discount on all fruit and vegtables.

IN THE HANDS OF A CYBERCRIMINAL, A COMPUTER IS A WEAPON.
EVERY CLICK MATTERS.

N rton
from symantec

Um Chamado à Vitória: Marchando Rumo ao Futuro do Marketing de Guerrilha

No campo de batalha do Marketing de Guerrilha, a busca pela supremacia criativa é uma luta constante.

Como soldados nessa guerra implacável, devemos estar preparados para enfrentar desafios e superar obstáculos em nossa busca pela vitória.

Ao refletirmos sobre esses exemplos gloriosos de Marketing de Guerrilha, somos lembrados de que a estratégia, a ousadia e a tenacidade são os pilares da conquista. Assim como um exército empenhado, devemos avançar com determinação, adaptando-nos às mudanças de batalha e buscando novas táticas para triunfar.

Essas campanhas icônicas são nossos generais inspiradores, comandantes brilhantes que nos mostram o caminho a seguir. Elas nos lembram que, em um mundo saturado de informações e distrações, precisamos encontrar maneiras de nos destacar, de chamar a atenção de forma impactante e inesquecível.

Assim como uma tropa em formação, devemos estar alinhados com as tendências emergentes, utilizando novas tecnologias e abordagens para ganhar vantagem sobre nossos concorrentes. Os campos de batalha futuros do Marketing de Guerrilha serão moldados pela inteligência artificial, realidade virtual, redes sociais e outras ferramentas que devemos dominar para alcançar a vitória.

Nossa estratégia não se limita ao brilho da criatividade, mas também à análise estratégica e ao estudo minucioso do terreno em que pisamos. Devemos compreender o contexto em que nos encontramos, identificar oportunidades sazonais e avaliar os riscos para evitar armadilhas e emboscadas.

Nesta guerra incessante, lembre-se de que a perseverança é uma virtude inestimável. Nem todas as batalhas serão vencidas, mas cada derrota nos ensina lições valiosas e nos torna mais fortes. Aprenda com suas falhas, ajuste sua estratégia e esteja pronto para se levantar e lutar novamente.

Soldados, o futuro do Marketing de Guerrilha está em nossas mãos. É nosso dever avançar com coragem, criatividade e determinação implacável.

Com cada campanha, cada ideia inovadora, nos aproximamos um passo mais perto da vitória.

Então, erga sua bandeira de guerra, afie suas habilidades estratégicas e marche com bravura rumo ao futuro do Marketing de Guerrilha.

Nossos clientes, nossas marcas e nossa reputação estão em jogo. Que a criatividade seja nossa arma e a inovação seja nosso escudo.

Soldados, avante! A vitória está ao nosso alcance, e juntos conquistaremos o mundo do Marketing de Guerrilha.

Quem é Matheus Martins Soares?

Matheus é um Ex-Militar / Agente Presidencial, formado em Marketing desde 2018 e especialista em copywriting. Já escreveu para mais de 27 nichos diferentes, mostrando sua habilidade em se adaptar a diferentes temas e públicos. Ao longo de sua carreira, trabalhou em grandes empresas, como a maior revista de negócios do país e a maior assessoria de marketing do Brasil. Contribuiu para o sucesso de campanhas importantes, gerando + 30mm em vendas para seus clientes. Publicou mais de 100 livros na Amazon e obteve leitores em mais de 10 países diferentes. Especialista em StoryTelling e UX Writing, também atua nos bastidores como GhostWriter, dando voz às ideias e histórias de outras pessoas. Seu método é capaz de escrever um livro em menos de 24 horas.

Com uma visão estratégica e conhecimentos em marketing, ajuda empresas, autores e projetos literários a alcançarem o sucesso. Se encontrou no mundo do marketing, da escrita e do comportamento humano, sua habilidade em se adaptar a diferentes desafios é um diferencial que o destaca em sua área.